Karmel – Weg in Innenräume

Veronika Elisabeth Schmitt OCD

KARMEL
WEG IN INNENRÄUME

Einblicke in Leben und Spiritualität
Unbeschuhter Karmelitinnen

Mit Fotos von Elija Boßler OCD

echter

Zur Autorin:

Veronika Elisabeth Schmitt wurde 1947 in München geboren. Ausbildung zur Grundschullehrerin. Promotion zum Dr. paed. 1976 Eintritt in den Karmel. Sie lebt heute im Kloster Heilig Blut in Dachau, wo sie schriftstellerisch und künstlerisch tätig ist (Ikonenmalerei).

Die Deutsche Bibliothek – CIP-Einheitsaufnahme

Schmitt, Veronika Elisabeth:
Karmel : Weg in Innenräume ; Einblicke in Leben und
Spiritualität Unbeschuhter Karmelitinnen / Veronika Elisabeth
Schmitt. Mit Fotos von Elija Boßler. – Würzburg : Echter, 1994
    ISBN 3-429-01611-8

Mitglied der Verlagsgruppe »engagement«

© 1994 Echter Verlag Würzburg
Umschlag: Ernst Loew
Gesamtherstellung: Echter Würzburg
Fränkische Gesellschaftsdruckerei und Verlag GmbH
ISBN 3-429-01611-8

Inhalt

Einleitung

Das Wort Karmel weckt wahrscheinlich die unterschiedlichsten Assoziationen. Ungenaue Vorstellungen bestimmen unsere Einstellung zu dem, was wir noch nicht kennen. Ein Kloster hinter Mauern, das bewußt die Distanz zur gewohnten Umgebung sucht, ist nicht ohne weiteres zugänglich und daher auch nicht so leicht zu verstehen. Öffnen sich uns aber die Räume hinter den Mauern, dann können wir einen Zugang finden. Wege tun sich auf in die Innenräume, die ganz konkreten und die geistig-seelischen.

Der Weg ist etwas Dynamisches, ein Ursymbol des Lebens. Heute erkennen wir, daß unser Leben weniger in der Kategorie einer bestimmten Lebensform einzufangen ist, sondern mit Hilfe der Weg-Symbolik verstanden werden kann.

Leben braucht Raum. Je weiter der Raum ist, innen oder außen, um so mehr kann sich das Leben entfalten.

Unsere konkreten Räume im Kloster sind begrenzt. Das gesamte Leben spielt sich in ihnen ab, da wir keine Tätigkeit außerhalb des Klosters haben. Diese Begrenzung ist bewußt gewählt. Sie hat den Sinn, daß sich die Räume nach innen, die Räume des Geistes und der Seele, um so intensiver erschließen können. Die Konzentration auf weniges soll einen größeren Tiefgang ermöglichen durch Ausblendung vieler Einzelheiten. Meisterschaft gelingt nur dort, wo man etwas ganz beherrscht, ganz durchdrungen hat.

In die geistigen und seelischen Innenräume des Karmel führen uns zunächst Teresa von Avila und Johannes vom Kreuz, die beiden Gründergestalten des Ordens. Weitere große Gestalten des Karmel können nur kurz umrissen werden. Dann ist es vor allem der Klosteralltag, wo alle unsere Lebensräume zusammenkommen.

Die Darlegungen dieses Buches gründen in persönlichen Erfahrungen und wollen keinen Anspruch auf Allgemeingültigkeit erheben. Die Fotos sind im Karmelitinnenkloster Heilig Blut in Dachau entstanden.

I. Raum der Geschichte

1. Ursprünge

Die Ursprünge des Karmel liegen im Heiligen Land. Der Name stammt von einem Gebirgszug in Palästina. Dorthin, auf den Karmel, der ein fruchtbares Gebiet, einen Baumgarten in der wörtlichen Übersetzung meint, zogen sich am Ende des 12. und zu Beginn des 13. Jahrhunderts im Gefolge der Kreuzzüge Einsiedler aus Europa in die Einsamkeit zurück. Sie griffen eine alte geistliche Tradition auf, die auf den Propheten Elija zurückgeht, und wandten sie auf ihre Gegebenheiten an.

Elija, der alttestamentliche Prophet, der in der Einsamkeit des Karmel eine Gottesoffenbarung empfing, wurde zum Vorbild für das eremitische Leben. Gott hatte sich ihm nicht im Feuer, Sturm oder Erdbeben offenbart, sondern in einem sanften Säuseln; er ließ Elija in der Zurückgezogenheit und im Schweigen diese Erfahrung machen. So wurde Elija zu einem Ideal für das kontemplative Leben und galt im Karmel durch die Jahrhunderte hindurch in geistlicher Hinsicht als Vater und »Gründer«.

Die Einsiedler suchten die Einsamkeit auf und schufen sich ganz bewußt einen eigenen Lebensraum. Er sollte ein Raum der Gottesnähe, der Gotteserfahrung, der konsequenteren Nachfolge Christi sein. An diesem Ort erwarteten die Eremiten, die sich zu einer Brüdergemeinschaft zusammenschlossen, die Wiederkunft Christi. Wachsamkeit und das bewußte Stehen vor dem Angesicht Gottes, wie es aus der Elija-Tradition übermittelt wurde, das beständige Leben in der Gegenwart Gottes, wie Maria es lebte, bildeten den Kernpunkt ihrer Spiritualität. »Tag und Nacht im Gesetz des Herrn betrachten«, heißt es in der Ursprünglichen Regel des Ordens der Allerseligsten Jungfrau Maria vom Berge Karmel, die der Patriarch von Jerusalem, der hl. Albertus, bestätigte. Diese ursprüngliche Regel bildet noch heute die geistliche Grundlage für das Leben aller Karmelitinnen und Karmeliten.

9

Wenige Jahrzehnte später wurden die Einsiedler vom Berge Karmel von den Sarazenen verfolgt und vertrieben und zogen nach Europa zurück. Dort konnte der Orden nicht in gleicher Weise weiterbestehen. Die Gegebenheiten waren ganz andere. Die Brüder mußten sich notgedrungen den Verhältnissen anpassen und wurden Mendikanten mit aktivem Apostolat.

Das kontemplative Ideal des Anfangs blieb jedoch ideell immer vorhanden und prägte die Zielvorstellungen und Reformbestrebungen des Ordens durch die Jahrhunderte hindurch.

Das Buch der ersten Mönche, das etwa um 1380 erschien, wurde als grundlegende Darstellung des Ordensgeistes verstanden. Es gibt die mystischen Erfahrungen wieder, die im Anschluß an den klassischen Text aus 1 Kön 17, 2–4 das monastische Ideal des Eremitenlebens mit seinen vier Stufen der Armut, des Gehorsams, der Einsamkeit und der Liebe zu Gott aufzeigen. Das Ziel ist die Vereinigung mit Gott in der Liebe.

Im folgenden Jahrhundert gibt es erstmals offiziell anerkannte Gemeinschaften von Karmelitinnen. 1452 wurden Beginen aus Geldern in den Orden aufgenommen anläßlich einer Verordnung, nach der alle in Gemeinschaft lebenden Frauen eine Ordensregel annehmen mußten. Diese Gemeinschaften waren manchmal sehr groß. Als Teresa von Avila eintrat, lebten dort über hundert Schwestern. Das war einer der Gründe, die die hl. Teresa zur Reform bewegte.

2. Die Reform

Im 16. Jahrhundert gelang es Teresa von Avila (1515–1582) zusammen mit Johannes vom Kreuz (1542–1591) im Orden die spezielle Ausrichtung des Ursprungs, den eremitischen *und* gemeinschaftsbezogenen Aspekt neu zu beleben. Teresa reformierte den Orden. Als äußere Zeichen der Reform galten die Hanfsandalen, was den Schwestern und Brüdern der Reform den Namen die »Unbeschuhten« Karmelitinnen und Karmeliten gab.

Teresa schuf den Lebensraum des Karmel neu. Kleine, überschaubare Gemeinschaften mit familiärem Charakter (damals war die Zahl der Schwestern auf 13 begrenzt, heute auf 21), täglich zwei Stunden inneres Gebet und eine größere Zurückgezogenheit waren die wesentlichen Merkmale der reformierten Klöster. In diesem Lebensraum konnte sich das ursprüngliche Ideal des Karmel neu entfalten.

Beide, Teresa von Avila und Johannes vom Kreuz, die Gründer des reformierten Ordens, haben eine Gebetslehre in ihren Schriften überliefert, die für uns bis heute die Grundlage für den Weg des inneren Gebetes bildet. Johannes vom Kreuz hat die Reform bei den Brüdern durchgeführt. Gleichzeitig hat er als Beichtvater und geistlicher Berater die Schwesternklöster durch seine Spiritualität mitgeprägt.

Einen besonderen Schwerpunkt haben Teresa und Johannes in dieser neuen Lebensform gesetzt: die personale Dimension in der Beziehung zu Gott. Der Karmel wurde ein Raum, in dem sich das Hohelied der Liebe entfalten konnte, in welchem der einzelne in eine freundschaftliche, liebende Beziehung zu Gott trat. Der Innenraum der Seele war in neuer Weise entdeckt worden.

3. Große Gestalten des reformierten Karmel

Der Geist der Gründer, Teresa von Avila und Johannes vom Kreuz, lebt in der Geschichte des Karmel weiter. Ganz besonders deutlich wird uns das an einigen großen Gestalten der folgenden Jahrhunderte bis in unsere Zeit hinein. Es waren große Frauen, die die Spiritualität des Karmel in ihrer jeweiligen Zeit neu belebten: Thérèse von Lisieux am Ende des letzten Jahrhunderts; Elisabeth von Dijon zu Beginn dieses Jahrhunderts und Edith Stein, die gewissermaßen als eine Zeitgenossin angesehen werden kann.

Diese großen Gestalten sollen nur ganz kurz umrissen werden, um sichtbar zu machen, daß der Geist, den Teresa von Avila und Johannes vom Kreuz in den Orden eingestiftet haben, lebendig geblieben ist.

THÉRÈSE VON LISIEUX (1873–1897)

Mit 15 Jahren trat Thérèse Martin in den Karmel von Lisieux ein, wo bereits drei ihrer leiblichen Schwestern waren. Neun Jahre später starb sie an Tuberkulose. Sie hinterließ ihren Schwestern Aufzeichnungen ihres Lebens, die sie im Auftrag der Priorin niedergeschrieben hatte. Diese Autobiographie wurde in aller Welt bekannt und hat ungezählte Menschen zu einem vertieften geistlichen Leben oder zu einer geistlichen Berufung geführt. Ihre ungeheuere Wirkkraft bleibt ein Geheimnis. Das Leben der Thérèse war völlig unauffällig und einfach, wie das Leben der anderen Schwestern auch. Was ungewöhnlich war, das war Thérèses lebendige Beziehung zu Gott, zu Jesus, die Intensität, mit der sie diese Beziehung, diese Liebe lebte.

In einer Zeit geistlichen Leistungsdenkens brach sie diese Enge von innen her auf. Ihre Erfahrung des Nichts, der letzten inneren Armut vor Gott, erkannte sie als die wesentliche Grundlage dafür, daß Gott sich ihr mit seinem Reichtum schenken konnte. Mit leeren Händen empfing sie alles von ihm. Ihr Vertrauen auf die Barmherzigkeit Gottes und ihre Liebe waren der Kompaß, der sie auf ihrem Weg zu Gott führte. Sie hatte den Wunsch, nach ihrem Tod die Menschen die Liebe zu Gott zu lehren. Nach einer intensiven Glaubensnacht starb sie mit den Worten: »Mein Gott, ich liebe dich.«

Im Karmel heißt sie die kleine Thérèse, im Unterschied zur großen Teresa von Avila. Klein nannte sie selbst ihren Weg, den Weg, den sie gehen wollte. Die unbedeutenden kleinen Dinge des Alltags wurden für sie zum Ort, an dem sich die Tiefe ihrer Jesusbeziehung verwirklichte.

ELISABETH VON DIJON (1880–1906)

Eine geistliche Schwester Thérèses wird Elisabeth genannt, und so verstand sie sich auch. Sie war inspiriert von Thérèses Schriften. Ihr Weg führte sie ebenfalls sehr früh in den Karmel, mit 21 Jahren, wo sie bereits mit 26 Jahren an einer unheilbaren Krankheit starb.

In ihrem Leben finden wir nichts Auffälliges, wie Bekehrungserlebnisse oder ähnliches. Elisabeth sieht in der Liebe zu Gott, zu Jesus, ihre eigentliche Berufung. Den dreifaltigen Gott erfährt sie lebendig in ihrem Inneren, im Himmel ihrer Seele. Dort will sie zu einem Lobpreis der Herrlichkeit Gottes werden mit ihrem ganzen Leben. »O meine Drei, mein Alles«, schreibt sie in ihrem so bekannt gewordenen Gebet zur Dreifaltigkeit.

Elisabeth von der Dreifaltigkeit, wie sie im Orden heißt, führt uns in eine tiefe Innerlichkeit, die nicht von außerordentlichen Begleiterscheinungen bestimmt ist, sondern die jeder in sich entdecken und entfalten kann. Sie erschließt uns den Innenraum der Seele und kündet von dem dreifaltigen Gott, dessen Geheimnis uns so schwer zugänglich ist.

EDITH STEIN (1891–1942)

Edith Steins Leben reicht in unsere Zeit hinein. Jüdin, Atheistin, Philosophin, Karmelitin – all das prägt ihr Leben, das am 2. August 1942 im Konzentrationslager Auschwitz ein gewaltsames Ende fand.

Theresia Benedicta vom Kreuz nannte sie sich im Kölner Karmel, wo sie 1933 eintrat. Das Geheimnis des Kreuzes, im Schicksal des jüdischen Volkes für sie konkretisiert, bestimmt ihr ganzes Leben. Durch die Lektüre der Autobiographie der heiligen Teresa von Avila findet sie Antwort auf ihre Suche nach der tiefsten Wahrheit. Am Ende ihres Lebens ist es Johannes vom Kreuz, der sie innerlich beschäftigt und begleitet. Die Kreuzeswissenschaft, Edith Steins letztes, nicht mehr zu Ende geführtes Werk, hat sie in ihr eigenes Sterben geleitet. Sie ahnte ihren Tod und bot ihr Leben im voraus Gott als holocaustum, als Ganzopfer, an.

Edith Stein ist eine Symbolfigur für den nach Wahrheit und Gott suchenden Menschen geworden. Sie ist ein Mensch, der aus der Kraft des erlösenden Kreuzes lebte.

WÜSTE UND OASE

»Jeder soll in seiner Zelle bleiben, Tag und Nacht im Gesetz des Herrn betrachten und im Gebet wachen, wenn er nicht durch anderweitige Beschäf-
tigung rechtmäßig in Anspruch genommen wird.«
Ursprüngliche Regel Nr. 6

Zelle
konkreter Raum
Raum im eigenen Innern.
Symbolischer Ort
für Gegenwärtigkeit
und Offenheit auf das Geheimnis hin.
Anfang und
Ende des Tages
Bleibe und Zu-sich-Kommen
Heimat und Erfahrung von Unterwegssein
Einsamkeit und Zweisamkeit
Schweigen und Zwiesprache
Wüste und Oase.
Einfachheit
auf Wesentliches konzentriert
und doch keine Uniformität.
Spielraum für Individualität
um ein echtes Du zu werden
dem ewigen Du.

DIE EINE MITTE

»Ein Oratorium soll womöglich inmitten der Zellen errichtet werden. Dort sollt ihr Tag für Tag morgens zusammenkommen, um der Feier der heiligen Messe beizuwohnen, wo es leicht geschehen kann.«

Ursprüngliche Regel Nr. 10

Chorraum
innere und äußere Mitte
gemeinschaftsstiftend durch
die eine Mitte
Jesus Christus
im gemeinsamen Gebet
im eucharistischen Mahl
im inneren Beten
Schweigen
Anbetung
Lob
zweckfrei, nur um Seinetwillen
im Zusammenspiel
vom Einzelnen
und der Gemeinschaft.

II. Raum der Seele

1. Der Weg des Gebetes bei Teresa von Avila

Mit dem Innenraum der Seele begeben wir uns in den verborgensten und tiefsten Raum unseres Lebens. Teresa von Avila hat uns in besonderer Weise diesen Innenraum erschlossen. Wir können an ihren Entdeckungen und Erfahrungen teilhaben, weil sie uns diese in ihren Schriften mitgeteilt hat.

Mit Hilfe verschiedener Bilder versucht Teresa die Seele, das Innere des Menschen zu beschreiben: als eine Burg, die viele Wohnungen und Gemächer hat, oder als einen Kristall oder einen Garten. Sie schildert die Schönheit dieser inneren Welt und ermutigt immer wieder, sich der Mühe der Hinwendung nach innen, in diese Innenräume der Seele, nicht zu entziehen, da sie einen so wertvollen Schatz bergen.

Im Innersten der Burg, in der siebten Wohnung, weilt für Teresa der König der Burg, die Sonne. Das alles sind Bilder für Gott, den Teresa im Innersten ihrer Seele als Auferstandenen gegenwärtig erfährt. Diese Gegenwart Gottes im Menschen, in jedem von uns, will Teresa bewußt machen. Inneres Gebet, wie sie das persönliche Gebet nennt, ist für sie nichts anderes als die Bewußtwerdung der Gegenwart Gottes: wer der ist, mit dem ich rede, und wer ich bin. Damit sind die wesentlichen Merkmale des inneren Gebetes angesprochen. Es enthält zum einen die Selbsterkenntnis des Menschen, die Erkenntnis, daß der Mensch angesichts der Größe Gottes seine Nichtigkeit erfährt. Und zum anderen enthält das innere Gebet die Erkenntnis der Herrlichkeit und Barmherzigkeit Gottes, die uns unsere Armseligkeit überwinden lassen. Wenn der Mensch diese Grundwahrheit erkennt, dann wandelt er in der Demut, die für Teresa nichts anderes meint, als wandeln in der Wahrheit. Sie ist das Fundament des ganzen geistlichen Lebens.

Für Teresa ist jedes echte Gebet, will es nicht nur ein Lippenbekenntnis bleiben, mit dieser inneren Wahrnehmung Gottes verbunden. Sie gibt in ihren Schriften Gebetshilfen, um den Menschen zu einer größeren Aufmerksamkeit und Wachheit für diese Gegenwart zu führen. Der Betende soll sich mühen, immer in der Gegenwart Jesu zu leben, ihn stets an seiner Seite zu haben. Das ist im Unterschied zur Beschauung, die reine Gnade ist, vom Menschen selbst her möglich. Es ist von seiner Seite aus das, was er tun kann, um sich für die Gegenwart Gottes, für das Angerührtwerden durch ihn, zu bereiten.

Jesus ist für Teresa nicht fern und unerreichbar. In ihm ist Gott den Menschen ganz nahe gekommen. Teresa betont mit großem Nachdruck die Bedeutung der Menschheit Jesu für uns. Sie ist der Zugang zu Gott. Kein Gebet, und sei es die höchste Form der Beschauung, darf sich als so vergeistigt verstehen, daß es die Menschheit Jesu als unbedeutend hinter sich lassen kann. Hier liegt eine große Versuchung für den geistlichen Weg. Der Mensch soll die Menschheit Jesu nie aus dem Auge verlieren, auch dann nicht, wenn er nicht rational darüber zu betrachten versteht, wie Teresa es bei sich selbst erlebt hat.

Jesus ist ein Freund der Menschen. Deshalb kann Teresa schreiben, daß das Gebet nichts anderes ist als der vertraute Umgang mit einem Freund, von dem wir wissen, daß er uns liebt, und mit dem wir gern allein zusammen sind. Er ist der wahre und eigentliche Freund, der anders ist als die Freunde dieser Welt. Hier spricht Teresa aus den bitteren Erfahrungen mit Menschen, denen sie Vertrauen schenkte und die sie enttäuschten. Jesus läßt uns dagegen nie im Stich. Er ist auch der Geliebte, der Bräutigam, der sich mit dem Innersten des Menschen vereint, wenn dieser bereit ist, sich ihm vorbehaltlos zu überlassen. Nur in dieser Beziehung zwischen Gott und Mensch bleibt der Mensch bei einer tiefsten Bindung ganz frei. Gott führt ihn in keine Abhängigkeit, in keinen Zwang. Diese innere Freiheit ist ein Kriterium für die Echtheit der Gottesbeziehung.

Der Weg zum Ziel der Vereinigung mit Gott führt nach der klassischen Darstellung der Mystik, die auch Teresa verwendet, vom Gebet der Sammlung, in welchem der Mensch lernt, sich nach innen zu wenden, zum Gebet der Ruhe. Hier kommen alle Fähigkeiten der Seele und des Verstandes zur

Ruhe und an ihre Grenzen. Teresa erklärt diese Gebetsweisen mit Hilfe eines Vergleichs: der Bewässerung eines Gartens. Vom mühsamen Schöpfen des Wassers, wo der Mensch fast alles selbst tun muß, bis hin zum Regen, der den Boden ohne jede Mühe tränkt, führt der Weg. Der Mensch soll sich um die Beziehung zu Gott mühen. Das Eigentliche aber tut Gott selbst. Das mystische Gebet beginnt dort, wo Gott der allein Wirkende und der Mensch der Empfangende ist. Dieses Gebet setzt beim Gebet der Ruhe ein. Alle Seelenkräfte werden in das Innerste des Menschen gezogen und gebunden, ohne daß der Mensch weiß, wie das geschieht. Gott ergreift den Menschen immer intensiver und ganzheitlicher, bis der Mensch zum Gebet der Vereinigung gelangt ist, in den innersten Raum der Burg, wo Gott gänzlich im Menschen wirkt.

Inneres Beten ist für Teresa ein personales Geschehen, die Beziehung zu einem Du. Es reicht vom Gespräch bis zum wortlosen Verweilen beim Du, beim Freund.

2. Der Weg des Gebetes bei Johannes vom Kreuz

Bei Johannes vom Kreuz führt der Weg zur Vereinigung mit Gott, dem Ziel jeden Gebets, durch verschiedene Nächte, die Nacht der Sinne und die Nacht des Geistes. Er beginnt mit seiner Gebetslehre dort, wo die meisten Gebetsanleitungen enden: wenn der Mensch von sich aus nicht mehr fähig ist zu beten, wenn sich alle Meditation und Betrachtung – beides verstanden als ein aktives Tun des Menschen – erschöpfen. Johannes ermahnt den Beter nicht, alle Mühe aufzuwenden, um wieder in rechter Weise betrachten zu können und Geschmack an den geistlichen Übungen zu finden. Er weist darauf hin, daß die Ursache für ein solches Geschehen das Wirken Gottes sein kann.

Johannes vom Kreuz gibt Kriterien an, anhand derer man feststellen kann, ob die Wirkung von Gott oder von anderen Einflüssen herrührt. Wesentlich ist die bleibende Sehnsucht des Menschen nach Gott und die Erfahrung der Trockenheit auch anderen, weltlichen Dingen gegenüber.

Die Nächte haben den Sinn, den Menschen an seine Grenzen des Denkens und Fühlens zu führen. Gott übersteigt alle Fähigkeiten des Menschen und ist deshalb in nichts einzufangen. In den Nächten wird der Mensch in jenes Dunkel geführt, wo allein der Glaube Halt gewährt.

Der Mensch braucht allen Mut, diese Nächte zu durchschreiten. Gott geleitet ihn, auch wenn er das in diesem Prozeß nicht wahrzunehmen vermag, sondern erst später, wenn er ans Licht gelangt ist. In der tiefsten Nacht offenbart sich ihm das Licht Gottes, das ein lichtes Dunkel ist, ein Alles und Nichts zugleich.

Das Nichts, das »nada«, ist ein Schlüsselbegriff der Spiritualität des Johannes vom Kreuz. Alles ist zu lassen, um zu allem zu gelangen. Der Mensch soll sich bei nichts aufhalten, seien es auch die wertvollsten und schönsten Gedanken. Auch die Beziehung zu Gott ist gänzlich vom »nada« geprägt. Jede Vorstellung und Empfindung von Gott ist zu lassen, um wirklich zu Gott zu gelangen. Das »nada« ist gleichzeitig das »todo«, das Alles. Es offenbart sich in der tiefsten Vereinigung des Menschen mit Gott.

Im Hohenlied der Liebe findet Johannes vom Kreuz jene Metaphern, die das am schönsten zum Ausdruck bringen. In seinen Gedichten, die zu den Meisterwerken spanischer Literatur gehören, finden wir seine Liebesmystik. Das Gedicht »Die dunkle Nacht« enthält sowohl biographische Elemente – seine Flucht aus dem Kerker der Gefangenschaft bei den eigenen Mitbrüdern in Toledo, die sich der Reform widersetzten, ist ein Schlüsselerlebnis zum Verständnis seiner Spiritualität – als auch seine Liebesmystik. Auf dem Sterbebett in Ubeda bittet Johannes vom Kreuz seine Mitbrüder, nicht die üblichen Sterbegebete zu sprechen, sondern ihm aus dem Hohenlied der Liebe vorzulesen.

DIE DUNKLE NACHT

1 In einer dunklen Nacht,
   entflammt von Liebessehnen,
   o seliges Geschick!
   entfloh ich unbemerkt,
   da nun mein Haus in Ruhe lag.

2 In Dunkelheit und ungefährdet,
   auf geheimer Leiter, vermummt,
   o seliges Geschick!
   in Dunkelheit und im verborgnen,
   da nun mein Haus in Ruhe lag.

3 In der seligen Nacht,
   insgeheim, so daß mich keiner sah
   und ich selber nichts gewahrte,
   ohne anderes Licht und Geleit
   außer dem, das in meinem Herzen brannte.

4 Dieses führte mich
   sicherer als das Mittagslicht
   dorthin, wo meiner harrte
   der mir wohl Vertraute,
   an den Ort, wo niemand sonst sich zeigte.

5 O Nacht, die mich lenkte!
   O Nacht, holder als das Frühbrot!
   O Nacht, die den Geliebten
   mit der Geliebten vereinte,
   die Geliebte in den Geliebten wandelte.

6 An meiner blühenden Brust,
  die für ihn sich ganz bewahrte,
  dort schlief er ein,
  und ich schenkte mich ihm,
  und die Zedern fächelten im Wind.

7 Der Windhauch von der Zinne
  – während ich sein Haar ausbreitete –
  mit seiner leichten Hand
  verwundete er meinen Hals
  und machte alle meine Sinne schwinden.

8 So blieb ich und vergaß mich selbst,
  neigte das Antlitz über den Geliebten.
  Alles erlosch, ich gab mich auf,
  ließ meine Sorge fahren,
  vergessen unter Lilien.

(Übersetzung von Hans Urs von Balthasar,
aus: Die dunkle Nacht, Einsiedeln 1978)

Auch für Johannes vom Kreuz ist Gott im Innern des Menschen gegenwärtig. Er geht sogar so weit, daß er nicht nur sagt, daß Gott *im* Menschen wohnt, sondern daß er das Innerste des Menschen selbst ist. Diese innerste Mitte gilt es durch die Nächte hindurch zu entdecken. Dort gelangt der Mensch zur tiefsten Vereinigung mit Gott. Johannes spricht davon, daß der Mensch Gott wird durch Teilhabe. Die Vergöttlichung des Menschen ist das Ziel, das erst im Tod endgültig erlangt wird. Der Tod ist somit für Johannes die tiefste und letzte Möglichkeit, sich ganz zu lassen und ganz zu Gott zu gelangen. Der Tod hat den Sinn, uns das letzte Tor zu Gott zu eröffnen.

3. Gebet als Weg

Das persönliche, innere Gebet ist nicht als eine Gebetsleistung zu verstehen, sondern als ein existentieller Lebensvollzug, der den ganzen Menschen betrifft und einfordert und der als lebendiger Prozeß einer Eigengesetzlichkeit folgt. Der Weg des Gebets legt die letzte Tiefe menschlichen Lebens und Seins frei. Erst im Gebet, in der frei vollzogenen Fähigkeit zur Transzendenz, verwirklicht der Mensch sein Menschsein ganz. Er gelangt dabei über sein eigenes kleines Ich hinaus und wird offen für ein Du. Da hier die Partner sehr ungleich sind, das menschliche Ich und das göttliche Du, bedarf es eines Läuterungs-, eines Reifungsprozesses.

Der Reifungsprozeß entwickelt eine Eigendynamik. Er wird bestimmt von der Individualität des jeweiligen Menschen, seinen physischen, psychischen und sozio-kulturellen Gegebenheiten. Alles, was den Menschen ausmacht, fließt in das Gebet, in diesen existentiellen Prozeß mit ein. Daher ist es nicht möglich, eine allgemeingültige Gesetzmäßigkeit dieses Prozesses aufzustellen. Im Lauf der Jahrhunderte hat sich jedoch in der Geschichte der Spiritualität und Mystik eine gewisse Systematisierung herausgebildet, die bei aller Einschränkung Hinweischarakter haben kann.

Als klassische Einteilung des geistlichen Weges gilt die Aufteilung in einen Reinigungs-, Erleuchtungs- und Einigungsweg. Wir verstehen heute menschliche Entwicklungsprozesse weniger linear, sondern spiralenförmig. Ähnliche Probleme tauchen auf verschiedenen Ebenen immer wieder neu auf und verlangen je neue Lösungen. So ist es auch im geistlichen Leben. Reinigungs-, Erleuchtungs- und Einigungserfahrungen sind Elemente, die sich gegenseitig durchdringen und auf verschiedenen Ebenen je neu erscheinen. So kennen wir bei Teresa von Avila beispielsweise schon zu Beginn ihres geistlichen Weges die Einigungserfahrung im Gebet, die sie dann nach vielen Jahren erneut erlebt, aber an Intensität gesteigert. Die Intensität der Erfahrung nimmt bei diesem Reifungsprozeß immer mehr zu. Ein Ziel im Sinne einer Vollendung oder Vollkommenheit, wovon man früher gerne gesprochen hat, gibt es eigentlich nicht. Es gibt aber ein immer intensiveres Reifen, ein Verwandeltwerden, das seine letzte Erfüllung im Tod findet.

Wenn der Mensch beginnt, den Weg des Gebetes zu gehen, wird er schnell feststellen, daß er der Hilfe anderer bedarf. Das Gebet, verstanden als existentieller Vollzug, als eine intensive Wendung in das eigene Innere, bedeutet eine ungewohnte und manchmal sehr harte Konfrontation mit sich selbst. Es braucht Menschen, die uns den Weg ein Stück vorangegangen sind, die Erfahrungen gesammelt haben bei sich und anderen und die uns weiter geleiten können.

In der Tradition waren es die geistlichen Meister, die andere auf dem Weg nach innen geleitet haben. Sollte man einen solchen Meister auf dem eigenen Weg nicht finden können, so sind Bücher von geistlichen Meistern eine große Hilfe. Teresa von Avila war in den ersten Jahren ihres Klosterlebens ganz darauf angewiesen. Das geistliche Abc eines Francisco de Osuna war ihr Meister. Teresa gibt uns den Rat, besser keinen geistlichen Führer oder Begleiter zu haben als einen schlechten. Vereinigt er in sich die Eigenschaften der Gelehrsamkeit und der Erfahrung, so ist es ideal. Fehlt jedoch eines der beiden, so hat sie selbst stets den Gelehrten vorgezogen und rät es auch uns. Aufgrund seines umfassenden Wissens kann er weniger in die Irre leiten als jemand, der von vielen Dingen des geistlichen Lebens keine Kenntnis hat.

Auf dem Weg nach innen begegnen wir unserem Schatten, dem Bösen in uns. Das Böse treffen wir aber auch außerhalb unserer selbst an. So ist es notwendig, die Geister zu unterscheiden. Das ist oftmals sehr schwierig, da die Versuchungen auf dem geistlichen Weg immer subtiler und verborgener werden. Eine sogenannte Versuchung unter dem Schein des Guten, wie sie bei Menschen, die einen intensiven geistlichen Weg gehen wollen, häufig auftritt, ist also schwer zu erkennen. Teresa von Avila berichtet uns in ihrer Biographie, daß eine der schwersten Versuchungen auf ihrem geistlichen Weg eine Versuchung unter dem Schein des Guten war. Sie glaubte, es sei demütiger, das innere Gebet zu unterlassen als es fortzuführen, weil sie sich Gott gegenüber zu unwürdig erlebte. Aus diesem Grund gibt sie den Rat, das innere Gebet nie aufzugeben, so sehr der Mensch auf diesem Weg auch fallen mag.

Schwierig wird es bei bestimmten Begleiterscheinungen der Mystik, wie Visionen und Auditionen. Man hat diese Begleiterscheinungen oftmals versehentlich als ein Hauptmerkmal der Mystik angesehen und an ihnen den Grad der Begnadung eines Menschen abgelesen. Diese Begleiterscheinungen gehören jedoch nicht zum Wesen der Mystik, sondern sind lediglich eine ihrer Ausdrucksformen. In der Mystik geht es um die Erfahrung der Gegenwart Gottes, die Erfahrung von Einheit und Nähe, aber auch von der Größe Gottes in seiner scheinbaren Abwesenheit.

Die Gegenwart Gottes zu erfahren, ist einem jeden Menschen gegeben. Gott wohnt im Innersten eines jeden von uns. Der Weg dorthin ist nicht wenigen besonders Begnadeten vorbehalten, sondern es ist die tiefste Bestimmung eines jeden Menschen, wie uns die Mystiker sagen. Nicht außerordentliche Gnaden oder übersinnliche Wahrnehmungen sind das Entscheidende auf diesem Weg, sondern es ist unsere ganz persönliche Beziehung zu Gott.

Johannes vom Kreuz ist in dieser Hinsicht sehr radikal. Er rät dem Menschen, sich auf keines dieser Phänomene, mögen sie noch so gut und heilig erscheinen, bewußt einzulassen oder ihnen irgendeine Beachtung oder Bedeutung beizumessen, sondern einzig und allein im Dunkel des Glaubens diesen Weg zu gehen. Alles soll der Mensch loslassen, was nicht Gott selbst ist. Da Gott aber unsichtbar und mit nichts zu erfassen ist, ist alles zu lassen. Auf diesem Weg kann der Mensch nicht in die Irre geführt werden, und es erübrigt sich für ihn die mühsame Unterscheidung der Echtheit solcher Phänomene, was nie mit letzter Sicherheit auszumachen ist. Die Gnade, die Gott im Menschen wirken will, wirkt aus sich, ohne daß der Mensch daran etwas hindern könnte.

Die Beziehung zu Gott und darin eingeschlossen die Beziehung zum Nächsten ist das eigentliche Kriterium für die Qualität des geistlichen Weges und des Gebetes.

4. Gebet als Beziehung

Solange der Mensch das Gebet als einen Monolog versteht, in welchem er allein redet, ist er noch nicht zum eigentlichen Gebet vorgedrungen. Davon können wir erst dann sprechen, wenn es sich um eine echte Beziehung handelt. Gebet ist im Kern ein Beziehungsereignis, das Angerührtwerden vom Du Gottes, der innerste Austausch bis hin zur Einswerdung mit ihm.

Das Gebet ist Unmittelbarkeit, direkter Kontakt von Schöpfer und Geschöpf. Es ist hier jene Beziehung angesprochen, die für den Menschen konstitutiv ist. Jede andere Beziehung ist relativ, sie kann bestehen oder auch nicht. Die Beziehung zu Gott kann hingegen nicht weggedacht werden. Sie ist mit dem Geschöpfsein gegeben. Von Gott ins Dasein gerufen und gewollt, lebt der Mensch, um diese Beziehung zu entdecken und ganz bewußt zu leben. Er glaubt daran, daß Gott in seinem Innersten gegenwärtig, daß er sein eigentlicher Meister auf dem Weg ist. Das unterscheidet eine reine Versenkungsübung vom inneren Gebet: der Glaube an die Gegenwärtigkeit Gottes im Menschen.

Durch unser Geschöpfsein sind wir befähigt, zu Gott in Beziehung zu treten. Durch Jesus Christus, durch die Inkarnation Gottes, ist uns dieser Zugang auch durch die Gebrochenheit und Begrenztheit unserer Existenz hindurch möglich.

Beim Gebet geht es also nicht nur darum, daß wir Redende sind, sondern daß wir Hörende, Lauschende werden auf Gott in uns. Es geht nicht darum, schöne Überlegungen über Gott anzustellen, sondern in eine lebendige Beziehung zu ihm zu treten. So kann Teresa sagen, daß es beim Gebet nicht darum geht, viel zu denken, sondern viel zu lieben. Darin liegt die Dynamik eines jeden Gebetes, daß es ein personales Geschehen ist, daß es den Menschen in seinem innersten Kern, in seiner Person, in seinem Herzen zu erfüllen vermag.

Alle Fähigkeiten des Menschen, in Beziehung zu treten, all seine Liebesfähigkeiten kommen im Gebet zur vollen Entfaltung. Je fähiger ein Mensch zur liebenden Beziehung wird, um so tiefer wird sein Gebet. Dabei geht es nicht so sehr um Empfindungen und Gefühle, sondern um die existentielle Dimension seines Lebens. Allerdings darf bei aller Intensivierung und Ver-

27

geistigung nicht vergessen werden, daß wir immer Menschen bleiben und in unsere Beziehung der Liebe zu Gott auch alle menschlichen Empfindungen mithineingenommen werden müssen. Der integrierte Mensch, in dem Geist, Seele und Leib eine Einheit bilden, geht als Ganzer in diese Beziehung ein, und er wird durch sie, durch diesen Gott, der sich ihm liebend zuwendet, zur Integration befähigt.

Weil Gott sich uns liebend zuwendet in Jesus Christus, dürfen wir uns auf diese liebende Beziehung mit unserer ganzen Existenz einlassen. Wir können und dürfen ihn ganz menschlich lieben, in seiner Gottheit und Menschheit. Nur so werden wir das Gebet nicht mehr als eine Gebetsverpflichtung mißverstehen, sondern als etwas, das uns zutiefst berührt und erfüllt. Der Sinn des Lebens liegt in dieser Liebesbeziehung. Aus ihr erwächst unsere Zuwendung zur Welt und zu den anderen.

Unsere Heiligen waren genial in dieser Beziehung. Sie waren große Liebende, dynamisch und kreativ. Das Gebet war ihnen zum Wesensvollzug geworden. Es war nicht nur punktuell, sondern immer gegenwärtig und machte sie transparent für die Wirklichkeit Gottes, für seine Gegenwart im Menschen. Sie waren in ihrer Existenz so tief aufgebrochen, meistens durch intensive Leiderfahrungen, daß die Liebesbeziehung zu Gott in ihnen stets gegenwärtig war. Ihr Bewußtsein war so tief und weit geworden, daß es nicht ständiger aktiver Bemühungen bedurfte, um an Gott zu denken, sondern daß sie stets aus der innersten Einheit mit ihm lebten. Hier ist das Gebet zu seiner Höchstform gelangt, zum immerwährenden Gebet.

5. Gebet als Übung

Bis wir dahin gelangen, daß wir ganz aus der Gegenwart Gottes leben und ganz durchdrungen sind von seiner Wirklichkeit, seiner Liebe, ist ein weiter Weg. Unerläßlich auf diesem Weg ist, bei aller Begnadung, die Übung. Was ist damit gemeint?

Jede Beziehung, will sie Bestand und Dauer haben, bedarf eines intensiven und aktiven Einsatzes. Wenn ich nicht Zeit und Kraft in eine Beziehung investiere, geht sie auf die Dauer zugrunde, wie tief sie auch immer gewesen sein mag. Die Entfaltung einer Beziehung braucht Zeit und Förderung. So ist es auch in der Beziehung zu Gott. Die geistlichen Meister aller Zeiten und die Traditionen in den Klöstern haben davon gewußt bzw. legen davon Zeugnis ab. Sie haben der Übung des Gebetes immer eine besondere Bedeutung beigemessen. Im Karmel zum Beispiel sind jeden Tag zwei Stunden für die Übung des inneren Gebetes vorgesehen, eine am Morgen und eine am Abend.

Die Übung, im geistlichen Sprachgebrauch die Askese, galt immer als notwendige Ergänzung zur Mystik. Askese, ursprünglich die Übung als solche, wurde im Laufe der Jahrhunderte dahingehend mißverstanden, daß man darunter jede Form von Abtötung und Kasteiung verstand. So erwuchs ein Zerrbild, basierend auf einer unguten Leib- und Weltfeindlichkeit. Dieses Mißverständnis von Askese hat sich für viele geistlich suchende Menschen verhängnisvoll ausgewirkt und dazu geführt, daß das geistliche Leben eher abstoßend als anziehend wirkte. Auch Johannes vom Kreuz wurde nicht recht verstanden und sein Weg des »nada« einseitig als Verachtung alles Menschlichen und Weltlichen interpretiert. Er sagt aber eindeutig, daß es nicht die Dinge der Welt sind, die schlecht seien, sondern unsere Beziehung zu ihnen ist ungut.

Wir suchen heute nicht mehr die Läuterung durch Abtötung, sondern durch Loslassen, Transparentwerden auf Gott hin. Nicht die Vernichtung all unserer Fähigkeiten und unseres Leibes wird angestrebt, sondern die Sensibilisierung und Sublimierung. Alles soll dem Menschen dienen, die Gegenwart Gottes intensiver in sich zuzulassen, auch der Leib. Bei Paulus heißt es ausdrücklich, daß der Leib ein Tempel Gottes ist.

Sinn aller Übung, aller Askese ist die Befähigung zu einer größeren Offenheit für Gott. Wir brauchen die Übung, weil wir in unserer Begrenztheit darauf angewiesen sind, daß uns etwas zur Gewohnheit wird. Sie prägt unseren Alltag. Es sind nicht die Sternstunden, die unser konkretes Leben ausmachen, sondern das, was wir täglich vollziehen. Die Übung des Gebets ist notwendig, damit sich unsere Gottesbeziehung kontinuierlich entfalten und reifen kann.

Zu jeder Übung, die uns zu einer festen Gewohnheit werden soll, gehört ein bestimmtes Ritual. Teresa von Avila und Johannes vom Kreuz betonen immer wieder, daß es notwendig ist, sich in Einsamkeit und Stille zurückzuziehen, um in sein Inneres einkehren zu können.

Eine bestimmte Zeit und ein fester Ort sind eine große Hilfe für ein Gebet, das mit Regelmäßigkeit vollzogen werden soll. Besonders in Zeiten innerer Trockenheit sind sie unerläßlich. Als Haltung beim Gebet hat sich der Bodensitz bewährt, bei dem man entweder mit überkreuzten Beinen oder auf den Fersen sitzt. Teresa hat diesen Sitz von den Mauren übernommen, und seither ist er in den Karmelklöstern üblich.

Die Meditationsbewegung unserer Zeit macht uns erneut bewußt, welche Bedeutung dem Bodensitz zukommt. Der Kontakt mit dem Boden, die aufrechte Haltung und die Beachtung des Atems (Zwerchfellatmung) sind große Hilfen, um sowohl körperlich als auch seelisch und geistig gesammelt und wach zu bleiben.

Die Erfahrung des eigenen Gegenwärtigseins im Hier und Jetzt mit Leib und Seele ist eine wichtige Voraussetzung, um offen zu werden für die Gegenwart Gottes im eigenen Innern. Im Gebet geht der Mensch zwar über sein eigenes kleines Ich hinaus, aber er kann und darf die Realität seiner eigenen Existenz, mit allem, was dazu gehört, nicht überspringen, sonst wäre das Gebet eine Flucht vor sich selbst. Alles soll und darf der Mensch in das Gebet hineinnehmen und von innen her verwandeln lassen.

Mit Hilfe der Meditationstechniken soll der Mensch befähigt werden, wieder zur Stille in und um sich zu finden. Er lernt ganz neu das Lauschen, das Schweigen, das in eine immer größere Tiefe führt. Im Lauf der Zeit wird er ein inneres Geführtwerden wahrnehmen können. Um die innere Konzentration und Sammlung zu finden bzw. in ihr zu verbleiben, kann man verschiedene Möglichkeiten als Hilfe nutzen. Teresa von Avila genügte es, wenn sie stets ein Buch bei sich hatte, das sie manchmal nur aufschlagen mußte, um wieder gesammelt zu sein. Ihre Weise des Betens bestand darin, daß sie sich Jesus Christus in ihrem eigenen Innern vergegenwärtigte. Eine andere Möglichkeit, wie sie in der Ostkirche praktiziert wird, ist das Jesus-Gebet. Hier wird ein kurzes Gebet (»Herr Jesus Christus, erbarme dich meiner« oder einfach nur der Name Jesus Christus) in Verbindung mit dem Atem oder dem Herzschlag beständig wiederholt. In gleicher Weise kann man ein anderes Wort, wie beispielsweise Gott – Liebe – Amen oder etwas ähnliches, verbunden mit einem ruhigen und gleichmäßigen Atem, wiederholen.

Der Sinn dieser Übungen ist es, daß wir beim Gebet nicht im Bereich des diskursiven Denkens und der Reflexion stehenbleiben, sondern daß die ganze Existenz – daher auch die Verbindung mit dem Leib, dem Atem und dem Herzschlag – ergriffen und durchdrungen wird von der Wirklichkeit Gottes, der wir uns im Gebet öffnen. Diese für viele zunächst ungewohnte Art des Gebets kann uns in eine größere Tiefe und eine ganz persönliche Form des Gebets führen. Wer sich wirklich einmal darauf eingelassen hat, wird den Wert erkennen, der durch nichts anderes zu ersetzen ist.

Selbstverständlich hat bei dieser Weise des Betens auch das persönliche Gespräch mit Gott seinen Platz. Je länger der Mensch aber das Gebet vollzieht, um so mehr wird er feststellen, wie sehr es sich vereinfacht, wie man immer weniger Worte braucht, um sich mitzuteilen und wie sehr das Bedürfnis wächst, absichtslos in der Gegenwart des Freundes zu verweilen, einfach nur bei ihm zu sein. Das Sein ist hier wichtiger als das Tun.

Eine große Hilfe auf dem Weg des Gebetes ist das gemeinsame Tun. Das Schweigen in Gemeinschaft führt uns in eine Intensität der Stille, die wir allein so nicht finden können. Auch für die Regelmäßigkeit der Übung ist eine Gemeinschaft sehr hilfreich. So rät Teresa, sich zu Beginn des Weges nach Gefährten umzusehen. Der Sinn der Klöster ist es, eine solche Gefährtenschaft zu ermöglichen. Aber auch außerhalb eines Klosters kann es Gefährtenschaft geben, Menschen, die sich regelmäßig zur gemeinsamen schweigenden Meditation zusammenfinden.

Es ist effektiver, diese Übung des Gebetes täglich, wenn auch vielleicht kurz (20 Minuten etwa) zu vollziehen als in größeren Zeitabständen für eine längere Zeit. Alles, was ich täglich vollziehe, prägt mein Leben intensiver als gelegentliche Übungen.

6. Gebet als Nachfolge

Das kontemplative oder mystische Gebet, d. h. die Erfahrung von Transzendenz, gibt es in vielen Religionen. Im Christentum verbindet es sich mit der Person Jesu. Es ist hineingenommen in die personale Beziehung zu Gott, in Jesus und in sein Schicksal.

Die Person Jesu kann nicht getrennt werden von seinem Weg durch Leiden, Tod und Auferstehung. Das Leben eines jeden Christen steht unter dem Zeichen der Nachfolge dieses Jesus von Nazareth. Nachfolge bedeutet nicht nur Nachfolge des Gekreuzigten, sondern auch des Auferstandenen. Das ist ein Aspekt, der in der Kirche des Ostens sehr viel mehr zum Tragen kommt als in der westlichen Kirche. Verklärung, Auferstehung, Licht sind die wesentlichen Merkmale ostkirchlicher Kunst und Liturgie. Wir haben bei uns im Westen die Nachfolge zu einseitig als Kreuzesnachfolge verstanden. Zudem wurde früher die Nachfolge als Imitatio im Sinne selbstzugefügter Leiden interpretiert.

Die Kreuzes- und Leidensmystik hat im Karmel immer eine sehr große Bedeutung gehabt. Opfer und Bußübungen standen oftmals im Mittelpunkt und förderten ein religiöses Leistungsdenken, das schwer zu durchbrechen war. Verstehen wir das Gebet aber als einen existentiellen Lebensvollzug, so können wir den Prozeß der Verwandlung, der durch viele innere und äußere Sterbeprozesse führt, als Kreuzesnachfolge, aber auch als Nachfolge des Auferstandenen erkennen. Das je größere Loslassen führt zu einer je tieferen Hingabe und durch viele Nächte zum Licht. Der Tod bedeutet in dieser Sicht nicht das Ende, sondern den Anfang, das Tor zum dauernden Bei-Gott-Sein.

Teresa und Johannes vom Kreuz betonen beide, daß es notwendig ist, auf dem inneren Weg von Anfang an das Kreuz zu umfassen. Gemeint ist damit, daß der Mensch die Bereitschaft zum Leiden mitbringen muß, wenn er sich auf diesen inneren Weg einlassen will. Das Leiden wird hier zu einer je neuen Herausforderung zum Loslassen und zur unbedingten Hingabe an Gott. Es gibt für uns Menschen keinen anderen Weg der Läuterung als den durch das Leiden. Die eigentliche Läuterung bewirkt aber Gott selbst. Er führt uns immer wieder an unsere Grenzen, um uns darüber hinaus zu geleiten. Wir lassen uns auf das Leiden ein, nicht um des Leidens willen, sondern weil es zu dem Prozeß gehört, der uns zum größeren Leben führt: durch Nacht zum Licht, durch Tod zur Auferstehung.

Dieser Prozeß ist hineingenommen in die Freundschaft mit Gott. Dadurch erhalten das Leben und das Sterben einen neuen Sinn. Es ist nicht nur eine Grundgesetzlichkeit des Lebens, die es zu durchschreiten gilt; beides, das Leben und das Sterben verbinden uns vielmehr mit Jesu Leben und Tod. Aus Liebe zu diesem Jesus lassen wir uns darauf ein. Wir lieben nicht das Kreuz, sondern den Gekreuzigten, nicht die Auferstehung, sondern den Auferstandenen.

Aus dieser Sicht wird deutlich, daß Kreuzesnachfolge nicht etwas sein kann, was wir uns selbst zurechtmachen durch Opfer und Bußübungen. Die Kreuze, die in unser Leben und unseren Weg gelegt sind, die Gegebenheiten unserer physischen und psychischen Grundbefindlichkeit, die Verwundungen in unserer persönlichen Geschichte, das sozio-kulturelle Umfeld, Alter, Krankheit und Tod, das sind die echten Kreuze, die uns in die liebende Beziehung zum Gekreuzigten und Auferstandenen führen wollen. Wenn er selbst uns Anteil geben will an seinem Kreuz, so ist es kein anderes als das, welches er selbst annahm: das Kreuz, das mit dem Menschsein gegeben ist.

GESCHMACK DES SEINS

»Für mich war es auch von Nutzen, wenn ich das Feld oder Wasser oder Blumen anblickte. Diese Dinge weckten mich auf und verhalfen mir zur Sammlung; sie dienten mir statt eines Buches, da ich bei ihrem Anblick des Schöpfers sowie meiner Undankbarkeit und meiner Sünden gedachte. Himmlische und erhabene Dinge aber mir vorzustellen, dazu war mein Verstand stets zu ungeschickt, bis sie mir der Herr auf andere Weise zeigte.«

Teresa von Avila, Leben, S. 95; 9, 4

Wiesen und Bäume
Wasser und Wege
sie führen uns zum
Grund allen Lebens
sie lassen uns den Geschmack
des Seins verkosten.
Sonne und Wind
Luft und Erde
umfangen uns.
Im Kreislauf des Jahres
lehren sie uns
leben und sterben.
Geheimnis der Schöpfung
des Kosmos
unendliche Weite und Tiefe
kündend von Ihm
dem Grund aller
Abgründe
Gott.

LICHT WERDEN

Ikonen
Bilder des Lebens
Tore zum Licht.
Offenbarend
und verhüllend
Formen und Farben
zum Greifen nahe
Sinn
der sich im Greifen
entzieht
Inkarnation
Mensch und Gott
in unfaßbarer Einheit
Geheimnis
staunend
erahnt
Wege in Innenräume
Wege zum Licht
um selber
Licht zu werden
Ikonen Gottes.

III. Raum der Gemeinschaft

1. Eremitentum und Zönobitentum

Der Karmel hat seinen Ursprung im Eremitentum. Die Einsiedler auf dem Berge Karmel schlossen sich zu einer Brüdergemeinschaft zusammen. Nun verbanden sich zönobitische und eremitische Elemente.

Teresa von Avila wollte mit ihrer Reform zu diesen Ursprüngen zurück. Daher war es ihr ein Anliegen, Einsamkeit, Schweigen und Zurückgezogenheit wieder zu verstärken, was im Lauf der Jahrhunderte sehr vernachlässigt worden war. Ihr ist es gelungen, eine ganz ausgewogene Form von Eremitentum und Zönobitentum (Leben in Gemeinschaft) zu finden. Zeiten der Einsamkeit und des Schweigens wechseln mit Zeiten in Gemeinschaft und des Gesprächs. Einmal im Jahr zieht sich jede Schwester für eine Woche ganz in die Einsamkeit zurück, um Exerzitien zu machen.

Im Hinblick auf die konkreten Räume des Klosters ist beides wiederzufinden. Jede Schwester hat ihre eigene Zelle. Ebenso gibt es aber auch Gemeinschaftsräume wie den Chorraum, das Refektorium (Speiseraum), den Rekreations- (Erholungsraum) und den Kapitelraum.

Es ist charakteristisch für Teresa von Avila, daß sie keinen Einsiedlerorden gegründet hat, obwohl das Eremitische und die Kontemplation die Grundlagen des geistlichen Lebens im Karmel sind, sondern daß es ihr auch ganz wesentlich um die Gemeinschaft ging. »Kollegium Christi« sollten ihre Klöster sein, daher ihre Beschränkung der Zahl der Schwestern auf 13. Sie hat der Kontemplation den Stempel der Apostolizität aufgedrückt. In die Kontemplation sollen die Anliegen und Nöte der Menschen einfließen. Die Schwestern sollen mitfühlen mit der Kirche, Kirche im kleinen sein. Man würde sich daher täuschen, suchte man im teresianischen Karmel ausschließlich Einsamkeit und Kontemplation.

2. Struktur der Gemeinschaft

Die rechtliche Grundlage für jeden teresianischen Karmel bilden die Ursprüngliche Regel und unsere Konstitutionen. Teresa von Avila hat eigene Konstitutionen für den reformierten Orden geschaffen, die bis heute gültig sind, die aber entsprechend den Weisungen der Kirche, vor allem des Zweiten Vatikanischen Konzils, der heutigen Zeit angepaßt wurden.

Unsere Mitbrüder bzw. das Generalat in Rom mit Pater General verwalten die Rechtsbestimmungen des Ordens unter Einbeziehung der Schwestern, soweit das möglich ist. Außerdem geben die Mitbrüder den Karmelitinnen geistliche Unterstützung und Begleitung. Das war auch der ursprüngliche Grund für Teresa, Brüderkonvente des reformierten Zweiges zu errichten. Die Brüder fördern die Weiterbildung der Schwestern durch Vorträge, Exerzitien oder Ordenstagungen.

Der Fortbildung der Schwestern wird heute eine besondere Beachtung beigemessen, nachdem sie lange Zeit zu wenig in den Blick kam. Die Schwestern sollen eine intensivere geistige und geistliche Schulung während ihres ganzen Lebens und nicht nur im Noviziat erhalten, um zu einer umfassenderen Reifung zu gelangen und zur Befähigung, ihre eigenen Belange angemessen zum Ausdruck zu bringen bzw. zu vertreten.

Von der Gesetzgebung abgesehen, ist jedes unserer Klöster autonom, auch dann, wenn es sich um die Neugründung eines Klosters handelt, die von einem bereits bestehenden Kloster vorgenommen wird.

Teresa hat ihren Klöstern eine demokratische Grundstruktur verliehen. Alle Schwestern, die sich durch die ewigen Gelübde von Armut, Ehelosigkeit und Gehorsam endgültig an den Orden gebunden haben, wählen aus ihren Reihen die Priorin, ihre Vorgesetzte. Die Amtsperiode der Priorin beträgt drei Jahre. Teresa übernahm für ihre Klöster nicht das Modell einer Äbtissin, die auf Lebenszeit einem Kloster vorsteht. Sie wollte, daß die Priorin »Erste unter Gleichen« ist – und das nur auf Zeit.

Der Priorin sind je nach Größe eines Konvents drei oder vier Ratsschwestern zur Seite gestellt, die eine beratende Funktion haben. Auch diese Ratsschwestern werden demokratisch gewählt. Alle wichtigen Entscheidungen, die für ein Kloster anstehen, werden in den wöchentlichen Konventgesprächen oder in eigens dafür angesetzten Kapitelgesprächen besprochen. Entscheidungen werden durch geheime Wahl mit Hilfe von weißen und schwarzen Kugeln nach dem Mehrheitsprinzip getroffen.

Die Ordensregel gibt nicht nur die rechtlichen, sondern auch die geistlichen und zwischenmenschlichen Grundlinien für eine Ordensgemeinschaft an. In ihnen spiegelt sich eine jahrhundertalte Erfahrung und Weisheit. Eine Gemeinschaft, in der die gleichen Menschen für unbegrenzte Zeit auf gleichem Raum zusammenleben, braucht andere Spielregeln des Lebens als eine loser strukturierte Gemeinschaft mit vielen Kontakten nach außen.

Das enge Zusammenleben macht es notwendig, daß der Intimbereich der einzelnen geschützt wird. Das ist durch die Zelle für jede Schwester garantiert, die für alle anderen Schwestern, mit Ausnahme der Priorin, tabu ist. Sie darf nicht betreten werden. Das Schweigen während des Tages bei den Mahlzeiten und auch bei der Arbeit – Notwendiges darf gesprochen werden – ist ebenfalls Hilfe für ein so enges Zusammenleben. Als Ausgleich dazu gibt es die Erholungszeiten und gemeinsame Gespräche.

Das gesprochene Wort erhält in diesem Lebensraum ein anderes Gewicht als sonst. Es soll sehr viel bewußter gesprochen werden und immer rückgebunden bleiben an den Grund der Seele, wo sich das immerwährende Gebet entfalten will.

3. Die Kontinuität der Gemeinschaft

Da unsere Klöster autonom strukturiert sind, müssen sie für den Bestand ihrer Gemeinschaft selbst Sorge tragen. Erst wenn ein Kloster durch Überalterung oder wegen eines anderen Grundes nicht mehr lebensfähig ist, treten andere Klöster ein. Der freie Zusammenschluß mehrerer Klöster zu einer Föderation, wie sie in vielen Ländern besteht, ermöglicht eine größere Flexibilität und Hilfestellung, als es sonst möglich wäre.

Jede Gemeinschaft ist für ihren Nachwuchs, die nächste Generation, selbst verantwortlich. Es gibt in jedem Kloster eine Novizenmeisterin, die sich um die Ausbildung der neu Eingetretenen und derer, die noch keine ewigen Gelübde abgelegt haben, kümmert. Die Eingliederung in die Gemeinschaft erfolgt in verschiedenen Etappen. Sie beginnt mit dem Eintritt, wozu bereits eine Abstimmung des Konventkapitels erforderlich ist. Die Interessentin lebt zuvor eine gewisse Zeit im Kloster mit, um näher bekannt zu werden. Als Neueingetretene ist sie Postulantin für etwa ein Jahr. Dann wird sie mit Zustimmung des Konventes eingekleidet und erhält ihren Ordensnamen, den sie selbst vorschlagen kann. Nach mindestens einem Jahr Noviziat kann sie um die Ablegung der zeitlichen Gelübde für drei Jahre bitten. Auch hierzu ist eine Abstimmung des Kapitels erforderlich. Darauf folgt die endgültige Bindung an den Orden durch die ewigen Gelübde, wiederum mit Zustimmung des Konventkapitels. Während der ganzen Ausbildungzeit haben die Novizinnen nicht nur äußerlich einen gewissen Eigenraum. Sie wohnen in einem eigenen Trakt des Klosters mit einem Noviziatsraum für Unterricht und Gespräche. Auch die Rekreation verbringen sie bis auf die Sonn- und Feiertage unter sich zusammen mit der Novizenmeisterin. Dieser Eigenraum der Novizinnen ermöglicht den jungen Schwestern ein behutsames und stetes Hineinwachsen in das Gemeinschaftsleben unter Wahrung ihrer Eigenständigkeit und individuellen Persönlichkeit. Äußerlich sind sie am weißen Schleier, im Unterschied zum schwarzen, zu erkennen.

Sollte eine Gemeinschaft so viel Nachwuchs haben, daß sie die vorgeschriebene Zahl von 21 weit überschreitet, so kann sie an eine Neugründung denken. Eine Neugründung braucht die Zustimmung des Pater General und des Bischofs der Diözese, in der der neue Karmel errichtet wird.

4. Das Chorgebet

Neben der Eucharistiefeier ist es vor allem das Chorgebet, wo die Gemeinschaft als ganze besonders in Erscheinung tritt. Sie hat teil am Gebetsauftrag der Kirche bzw. der Ortskirche. Die Zeiten des Tages und die Arbeiten, die für das Gebet unterbrochen werden, sollen hineingenommen werden in den Lobpreis Gottes. Die ganze Kirche ist dazu beauftragt und die Ordensleute in besonderer Weise.

Teresa von Avila wollte jedoch ganz bewußt dem inneren Gebet einen besonderen Stellenwert einräumen und hat deshalb zwei Stunden des Tages dafür vorgesehen. Daher entschied sie sich, das Chorgebet nicht in der erweiterten Form zu wählen, wie es die monastischen Orden pflegen, sondern das Psalmengebet, wie es die Weltpriester beten, allerdings in Gemeinschaft. Aus praktischen Gründen wollte Teresa, daß dieses Gebet einfach sei, um den Schwestern genügend Zeit zu lassen für das innere Beten. Deshalb wurde im Karmel das Chorgebet lange Zeit nur auf einem Ton rezitiert. Seit dem Zweiten Vatikanum hat die Liturgie jedoch einen neuen Stellenwert erhalten, und so wird heute auch in den Karmelklöstern, wo es möglich ist, das Chorgebet gesungen.

Da das Chorgebet das Gebet der ganzen Kirche ist, wird den Gläubigen, die daran teilnehmen möchten, Gelegenheit dazu gegeben.

5. Die Arbeit

Im Verständnis der Arbeit ist in den vergangenen Jahrzehnten wahrscheinlich der stärkste Wandel erfolgt. Das Zweite Vatikanische Konzil hat alle kontemplativen Orden dazu verpflichtet, soweit es in ihren Möglichkeiten steht zu ihrem Lebensunterhalt selbst beizutragen. Klassische Arbeitsbereiche für kontemplative Klöster sind die Hostienbäckerei, Paramentik und kunsthandwerkliche Arbeiten. Das alles sind Arbeiten, die im Kloster verrichtet werden können.

Neben dem Aspekt des Lebensunterhalts erkennen wir heute verstärkt den Eigenwert, der in einer Tätigkeit als solcher liegt. Oftmals wurde in den Klöstern die Arbeit einseitig als Buße und Askese mißverstanden. Die Arbeit gehört zum Grundauftrag, die Erde zu gestalten. Der Mensch ist von seinem Ursprung her, von Gott, beauftragt, alle seine Fähigkeiten und Gaben einzusetzen zum Wohle aller.

Die Arbeit hat außer dem Moment der Selbstverwirklichung auch einen stark gemeinschaftsbildenden Wert. Sie verbindet Menschen miteinander zum gemeinsamen Werk.

In einem Kloster fallen viele Arbeiten an, die getan werden müssen: die Hausarbeiten, alles, was mit Kontakten nach außen zu tun hat, alle Arbeiten hinsichtlich der Verwaltung und Finanzen sowie künstlerische Arbeiten, soweit in einem Kloster solche Begabungen vorhanden sind. Sie alle ergeben ein Zusammenspiel, bei welchem jede Arbeit ihren Wert hat. Keine Arbeit ist, bei aller Ungleichheit, weniger oder mehr wert als die andere.

Die Aufteilung der Arbeiten übernimmt in einem Kloster die Priorin. Sie richtet sich dabei nach den Fähigkeiten der einzelnen, aber auch nach den Erfordernissen. Keine Schwester hat einen Anspruch auf eine bestimmte Arbeit, sondern ist in der Gemeinschaft verfügbar für jeden Dienst, der ihr aufgetragen wird. Sie weiß, daß sie damit einen unentbehrlichen Beitrag für die Gemeinschaft leistet.

An der Arbeit wird deutlich, wie jedes Glied einer Gemeinschaft seine besonderen Fähigkeiten und Gaben einbringen kann. Das Zusammenspiel aller ist mehr als die Summe der einzelnen. Das macht den besonderen Wert einer Gemeinschaft aus.

Wenn junge Menschen zu uns kommen, ist eine der Bedingungen für die Aufnahme eine abgeschlossene Berufsausbildung. Das hat verschiedene Gründe. Die Interessentin darf das Kloster nicht als einen Zufluchtsort vor den Anforderungen der Welt mißverstehen. Sie soll eine gewisse Reife mitbringen und ihre Entscheidung während der Probezeit von mindestens fünf Jahren in voller Freiheit treffen, ohne den Druck, nicht mehr weggehen zu können aufgrund einer fehlenden Ausbildung und damit ohne Aussicht auf Arbeitsmöglichkeiten.

Wenn sie sich für das Kloster entscheidet, ist es in den meisten Fällen so, daß sie den erlernten Beruf nicht mehr ausüben kann. Die eigentliche Berufung liegt nun auf dem Spirituellen, im Gebet. Alles andere relativiert sich daneben. Die unbedingte Priorität des Gebetslebens wird an dieser Stelle besonders spürbar. Hier liegt eine Provokation unseres Lebens, die oftmals unverständlich bleibt. Sollten eine qualifizierte Ärztin oder Lehrerin nicht besser im konkreten Dienst am Menschen stehen? Vernunftgründe reichen hier nicht hin. Das einzige, was zu überzeugen vermag, ist die Erfahrung von Identität und Sinnhaftigkeit dieses Weges, die sich nicht mehr rational erklären lassen.

6. Gemeinsames Gespräch

Nach unseren Konstitutionen ist ein wöchentliches Konventgespräch vorgesehen. Das Gespräch gehört ganz wesentlich zu einer Gemeinschaft, die lebendig bleiben will. Es ist ein Grundelement ihres Bestandes. Austausch und gemeinsame Entscheidungsfindung sind wichtige Momente. In der Vielfalt der Meinungen und Empfindungen liegt der Reichtum einer Gemeinschaft. Ist sie bereit, sich auf den mühsamen Weg der Klärung und gegenseitigen Achtung und Toleranz einzulassen, dann vermag sie zu jener Einheit zu finden, die nicht unbedingt Einstimmigkeit meint, der aber der Geist Gottes verheißen ist.

Da die Ordensgemeinschaft eine Gemeinschaft ist wie viele andere menschlichen Gemeinschaften, gibt es auch in ihr Konflikte, Versagen und Schuld. Sich gegenseitig immer wieder Verzeihung und Versöhnung gewähren, weil sie ein jeder zuallererst von Gott empfängt, ist eine der Grundvoraussetzungen, daß das Zusammenleben in Gemeinschaft gelingen kann. Heute sind wir noch auf der Suche nach einer geeigneten äußeren Form, die das zum Ausdruck bringt, nachdem das sogenannte Schuldkapitel in den meisten Fällen als unbefriedigend empfunden wird.

Jedes Gespräch, ob zu zweit oder in der Gemeinschaft, hat seine Auswirkung auf den einzelnen und die ganze Gemeinschaft. Als Kriterium für die eigene Verantwortung gilt dabei der Grundsatz, daß es zum Aufbau der Gemeinschaft dient.

7. Feste und Brauchtum

Wie eine Gemeinschaft Feste feiert und welches Brauchtum sie entwickelt, darin zeigt sich der persönliche Stil, der in jedem unserer Klöster unterschiedlich ist, bei aller sonstigen Gleichheit.

Die Feste und das Brauchtum sind weitgehend von den liturgischen Feiern bestimmt. Neben den allgemeinen christlichen Hochfesten haben die Ordensfeste eine besondere Bedeutung. Außerdem kommen in jeder Ge-

45

meinschaft noch die persönlichen Feste einzelner Schwestern hinzu, wie etwa Einkleidung, Profeß und Namenstag.

So gibt es in jeder Gemeinschaft immer wieder ein Fest, an dem alle Anteil haben und das wohltuend den Alltag durchbricht. Die Lieder, der Schmuck und die übrige Gestaltung verraten uns dabei etwas über den persönlichen Stil eines Klosters.

Auch das Sterben und das Begräbnis einer Schwester umgibt ein bestimmtes Ritual. Stirbt die Schwester zu Hause, im Kloster, so versammelt sich die ganze Gemeinschaft um sie und geleitet sie unter Gebet und Gesang über die letzte Schwelle hinüber in das Leben bei Gott. Gerade im Tod soll sie erfahren, daß sie nicht allein ist, sondern Glied einer lebendigen Gemeinschaft.

Normalerweise haben unsere Klöster einen eigenen Klosterfriedhof innerhalb des Klosterbereichs. Die Toten gehören zu unserem Leben.

8. Der Kontakt nach außen

Der Kontakt einer Gemeinschaft zur Außenwelt erfolgt, wenn er nicht über Post oder Telefon läuft, im Pfortenbereich des Klosters. Das ist ein Bereich, der vom übrigen Kloster abgetrennt ist. Er enthält einige Gästezimmer zur Übernachtung und einige Sprechzimmer. Die Sprechzimmer sind sowohl vom Pfortenbereich als auch vom Klausurbereich (d. h. vom eigentlichen Klosterbereich) her zugänglich.

Kommen Besucher zum Kloster, zu einer Schwester, so ist im Sprechzimmer die Möglichkeit des Kontaktes gegeben. Der eigentliche Klosterraum ist durch die Klausur geschützt und für Außenstehende nicht zugänglich, um einen Raum der Stille und Zurückgezogenheit für unser kontemplatives Leben zu gewährleisten.

Eine weitere Nahtstelle zwischen innen und außen ist die Klosterkirche. Dort können Gäste an der täglichen Eucharistiefeier und oftmals auch am Stundengebet teilnehmen.

46 So ist für unser Leben bei aller Zurückgezogenheit der Kontakt zur Außen-

welt nicht völlig abgeschnitten. Er ist ganz bewußt geregelt, um beiden Seiten gerecht zu werden. Er muß den notwendigen Schutzraum für unser Leben und unseren Gebetsauftrag unangetastet lassen und gleichzeitig für Menschen, die unsere Hilfe und geistlichen Beistand suchen, offen sein. Wie ein Kloster diese Nahtstelle konkret lebt, ist wesentlich für das eigene Selbstverständnis und für die geistliche Ausstrahlungskraft nach außen.

An einem anderen Punkt wird uns bewußt, daß wir auf unsere Kontakte nach außen angewiesen sind. Teresa gründete ihr erstes Kloster der Reform ganz auf Armut, das heißt, sie war gänzlich von Almosen anderer abhängig. Deshalb bevorzugte sie auch Gründungen in einer Stadt oder am Stadtrand, um erreichbar zu sein, und nicht in der Einsamkeit, die sonst für die Kontemplation die bevorzugte Stelle war. Auch heute leben alle unsere Klöster zu einem Teil von Almosen, sei es in Form von Geldspenden oder Naturalien.

EINANDER ZUM BROT WERDEN

»Ihr sollt das, was euch zur Nahrung gegeben wurde, miteinander im gemeinsamen Refektorium genießen. Dabei hört, wo es leicht beobachtet werden kann, zusammen eine Lesung aus der Heiligen Schrift an!«

Ursprüngliche Regel Nr. 4

Mahl halten
keine bloße Nahrungsaufnahme
miteinander teilen
danken
verdanktes Dasein
einander zum Brot werden
mit der gemeinsamen
Wachsamkeit auf den,
der uns allen
zum Brot des Lebens wurde.

GEBRANNT IM FEUER DES LEBENS

Hier entsteht Raum
Innenraum
von Gefäßen.
Erde
geformt
zum leeren Raum
bereit zu empfangen
und zu geben
Sinnbild
für den Menschen
für den Betenden.
Leere Schalen
sind wir
die nur Gott
füllen kann
gebrannt im Feuer
des Lebens
und Leidens
bereit
Ihn wirken zu lassen.
Er ist der Töpfer
des Lebens
wir der Ton
in seiner Hand.

IV. Raum des Alltags

Der Klosteralltag hat etwas sehr Nüchternes an sich, weitab von aller Romantik, wie manche so gerne meinen. Er ist geprägt von der beständigen Wiederholung gleicher Abläufe. Die Übung nimmt einen wesentlichen Teil ein, der gleiche Ort, die gleiche Zeit, die gleichen Menschen und das gleiche Tun. Diese beständige Wiederholung hat den Sinn der Vertiefung. Durch stets gleiches Tun, das bis ins Unbewußte eingeht, soll sich der Grund der Dinge und der Menschen erschließen, letztlich ihr tiefster Grund, Gott selbst.

Hier in der Unscheinbarkeit des Alltags ist der Prüfstein für die Echtheit allen geistlichen Lebens. Terese wollte, daß der Kontemplation Werke entspringen. Fruchtbar soll das geistliche Leben sein, ein Segen für den einzelnen und die anderen. Die Nöte und Anliegen der Menschen und der Welt sollen Platz haben im Leben der Karmelitinnen. Sie sollen ganz bewußt mitfühlen mit den Nöten der jeweiligen Zeit und nicht in einer Weltenthobenheit Luftschlösser bauen. Sie sollen nicht meinen, gleich der ganzen Welt beistehen zu müssen, sondern denen, mit denen sie zusammenwohnen, den eigenen Mitschwestern.

Die Gottesbeziehung muß sich an der Beziehung zum Nächsten im konkreten Alltag bewähren, und zwar zu jedem, der mir als mein Nächster nahe kommt, nicht nur zu dem, der mir sympathisch ist. Geistliche Reife und menschliche Reife gehen Hand in Hand und sind nicht voneinander zu trennen. Hier lag und liegt wohl oftmals das größte Defizit in den geistlichen Gemeinschaften. Die menschliche Reifung wurde häufig zu sehr vernachlässigt. In das Klosterleben drangen starke lebensfeindliche Elemente ein. Zu einseitig suchte man ein religiöses Ideal zu verwirklichen, ohne auf menschliche Entwicklungsprozesse zu achten. Ein Klosterleben, in welchem menschliches Leben verkümmert, hat jedoch seinen Sinn verfehlt. Es soll vielmehr menschliches Leben zur vollen Entfaltung bringen, in all seinen Dimensionen.

Wieweit sind wir humaner und toleranter geworden in diesem Prozeß des Gebetes, der Beziehung zu Gott? Das ist die letzte und eigentliche Frage im Hinblick auf unseren geistlichen Fortschritt. Von jeher galt daher die Nächstenliebe als Kriterium für unsere Liebe zu Gott.

Wir sehen, daß der Weg in den Innenraum der Seele immer wieder herausführt in andere Räume. Der Alltag birgt viele dieser Räume, die wir täglich und immer wieder neu durchschreiten. Das ständige Gleichmaß, die Wiederkehr immer gleicher Abläufe kann dabei aber auch sehr mühsam werden. Die Monotonie führt leicht zum Überdruß, zur Akedia, wie die geistliche Tradition dieses Phänomen nannte. Es fehlt der Reiz des Neuen, der Abwechslung. Allzu gerne sind wir geneigt, in die Ablenkung und Zerstreuung zu fliehen, das Gleichmaß zu durchbrechen. Das Leben wird uns bei diesem Wettlauf selbst einholen. Wollen wir geistlich und menschlich weiterkommen, gilt es, sich dem Überdruß zu stellen, auszuhalten und die Trockenheit, die Nacht zu durchwandern, bis es wieder Tag wird. In der Gemeinschaft von Gefährtinnen ist das leichter durchzustehen als allein. Die Gemeinschaft trägt den einzelnen, gibt Halt und Raum.

Schlußbetrachtung

Wir haben viele Räume unseres Lebens durchschritten, äußere und innere. Dabei sind wir auch zu dem innersten vorgedrungen, von dem Teresa sagt, daß dort der Herr selbst wohnt: die Tiefen der Seele.

In allen diesen Räumen spielt sich unser Leben ab. Sie durchdringen sich. Und doch ist nirgends das Eigentliche, das Geheimnis dingfest zu machen. Es entzieht sich unserem Zugriff. Wir können nur sagen: Geh in diese Räume hinein, um das Wesentliche, nein, den Wesentlichen zu finden, Gott selbst – ihn allein.

Gott nur genügt, hat Teresa uns als Leitgedanken mit auf den Weg gegeben. Gott hat die absolute Priorität in unserem Leben. Alles andere ist relativ, jede menschliche Beziehung, jede Aufgabe, jedes Werk. Um ihn allein geht es in einer Radikalität, die keine Verzweckung zuläßt. Gott will um seiner selbst willen gesucht werden. Das reine Umsonst macht den Kern jeder Kontemplation aus. Absichtslos sollen wir ihm zum Du werden und in ihm das Du unseres Lebens finden.

Der Karmel birgt die Räume, in denen uns Gott zum Du werden kann. Die Botschaft des Karmel ist vor allem eine: Gott, der Liebe ist, möchte seinem Geschöpf im menschgewordenen Logos, in Jesus, liebend begegnen und in eine Lebenseinheit mit sich führen, die auch der Tod nicht trennen kann.

Nichts soll dich ängstigen
nichts dich erschrecken
alles vergeht
Gott ändert sich nicht
Geduld erlangt alles.
Wer Gott hat, dem fehlt nichts
Gott nur genügt.   *Teresa von Avila*

Anschriften der Klöster

Lousbergstr. 14, 52072 *Aachen*
Telefon 02 41 / 15 64 02

Heckerdamm 232, 13627 *Berlin*
Telefon 0 30 / 3 82 60 11

Kölner Landstraße 261, 52351 *Düren*
Telefon 0 24 21 / 3 26 96

Hauptstraße 6–8, 63512 *Hainburg*
Telefon 0 61 82 / 42 55

Vor den Siebenburgen 6, 50676 *Köln*
Telefon 02 21 / 31 16 37

97618 *Rödelmaier*
Telefon 0 97 71 / 31 51 + 50 31

Maria-Hilf-Kirchenweg 8, 84137 *Vilsbiburg*
Telefon 0 87 41 / 18 48

Theklasteig 5, 86465 *Welden*
Telefon 0 82 93 / 2 73

Mainaustraße 40, 97082 *Würzburg*
Telefon 09 31 / 4 21 78

Aufkirchen, Marienplatz 2, 82335 Berg
Telefon 0 81 51 / 53 31

Alte Römerstraße 91, 85221 *Dachau*
Telefon 0 81 31 / 2 10 68

Kapitelberg 1, 45141 *Essen*
Telefon 02 01 / 21 14 67

Dietenbacher Straße 46, 79199 *Kirchzarten*
Telefon 0 76 61 / 40 38

Pützchen, Karmeliterstraße 1, 53229 Bonn
Telefon 02 28 / 48 01 41

Neckarhalde 64, 72070 *Tübingen*
Telefon 0 70 71 / 4 31 34

Waldfrieden, 56766 Auderath
Telefon 0 26 76 / 5 14

Auf der Klippe 20, 58453 *Witten*
Telefon 0 23 02 / 6 03 01

Zweifall, Klosterstraße 10, 52224 Stolberg
Telefon 0 24 02 / 7 21 35

Schützenstraße 12, 16547 *Birkenwerder*
Telefon 0 33 03 / 50 13 80 (Kloster)
              23 24   (Gästehaus)
Fax   0 33 03 / 25 74

Am Mariahilfberg 1, 92318 *Neumarkt*
Telefon 0 91 81 / 3 26 88

Reisach, 83080 Oberaudorf
Telefon 0 80 33 / 14 65

Sanderstraße 12, 97070 *Würzburg*
Telefon 09 31 / 5 22 14 + 5 24 14

Dom-Pedro Straße 39, 80637 *München*
Telefon 0 89 / 1 29 20 01 + 1 29 20 02 (Kloster)
Telefon 0 89 / 1 23 32 34 (Provinzialat)
Fax   0 89 / 1 29 83 45

Alter Kornmarkt 7, 93047 *Regensburg*
Postfach 11 03 29, 93016 *Regensburg*
Telefon 09 41 / 58 53 30

92421 *Schwandorf*, Kreuzberg 3
Telefon 0 94 31 / 40 14

Einige Literaturangaben

J. Smet/ U. Dobhan OCD, Die Karmeliten. Eine Geschichte der Brüder Unserer Lieben Frau vom Berge Karmel. Von den Anfängen (1200) bis zum Konzil von Trient. Herder, Freiburg 1981.

U. Dobhan/V. E. Schmitt OCD, Karmel in Deutschland. Beschreibung der Brüder- und Schwesternklöster. Kaffke, Aschaffenburg 1981.

J. Jantsch/C. Butterweck, Die Regel des Karmel. Kaffke, Aschaffenburg 1986.

Theresia von Jesus, Werke 6 Bd. übersetzt von A. Alkofer OCD. Kösel, München.

Die Innere Burg, Aus dem Spanischen übersetzt von F. Vogelgsang. Diogenes, Zürich 1989.

U. Dobhan OCD, Teresa von Avila. Gotteserfahrung und Weg in die Welt. Walter, Olten 1984.

E. Lorenz, Ich bin ein Weib und obendrein kein gutes. Ein Porträt der hl. Teresa in ihren Texten. Herder, Freiburg 1982.

V. E. Schmitt, Gebet als Lebensprozeß. Teresa von Avila – Edith Stein, Kaffke, München 1982.

W. Herbstrith OCD, Teresa von Avila. Lebensweg und Botschaft. Neue Stadt, München 1993.

E. Lorenz, Ein Pfad im Weglosen. Teresa von Avila – Erfahrungsberichte und innere Biographie. Herder, Freiburg 1986.

Johannes vom Kreuz, Werke 4 Bd. Johannes. Einsiedeln 1977–1984 oder Kösel, München.

U. Dobhan OCD/R. Körner OCD, Johannes vom Kreuz. Die Biographie. Herder, Freiburg 1992.

E. Lorenz, Ins Dunkel geschrieben. Herder TB Bd. 1505, Freiburg 1987.

R. Körner OCD, Mein sind die Himmel und mein ist die Erde. Geistliches Leben nach Johannes vom Kreuz. Echter, Würzburg 1989.

E. Lorenz, Auf der Jakobsleiter. Der mystische Weg des Johannes vom Kreuz. Herder, Freiburg 1991.

U. Dobhan OCD/R. Körner OCD (Hrsg.), Johannes vom Kreuz – Lehrer des »neuen Denkens«. Sanjuanistik im deutschen Sprachraum. Echter, Würzburg 1991.

Therese vom Kinde Jesus. Selbstbiographische Schriften. Johannes, Einsiedeln 1958.

Briefe der heiligen Therese von Lisieux. Johannes, Leutesdorf am Rhein 1976.

Ich gehe ins Leben ein – Letzte Gespräche der Heiligen von Lisieux. Johannes-Verlag, Leutesdorf am Rhein, 1979.

Guy Gaucher, Chronik eines Lebens. Schwester Therese vom Kinde Jesus und vom Heiligen Antlitz. Therese Martin (1873–1897). Johannes, Leutesdorf am Rhein, 1897.

Hans Urs von Balthasar, Therese von Lisieux. Geschichte einer Sendung. Hegner, Köln 1960.

Jean-Francois Six, Theresia von Lisieux. Ihr Leben, wie es wirklich war. Herder, Freiburg.

Edith Stein, Werke 15 Bd. Herder, Freiburg.

A. Neyer OCD, Edith Stein. Ihr Leben in Dokumenten und Bildern. Echter, Würzburg 1987.

W. Herbstrith OCD, Das wahre Gesicht Edith Steins. Kaffke, Aschaffenburg 1987.

H. B. Gerl, Unerbittliches Licht. Edith Stein – Philosophie, Mystik, Leben. Grünewald, Mainz 1991.

C. Koepcke, Edith Stein. Ein Leben. Mit einem Geleitwort von A. Neyer. Echter, Würzburg 1991.

Elisabeth von Dijon, Ein Lied für Gott. Eine Biographie in Bildern, EOS, St. Ottilien 1984.

Elisabeth von Dijon, Licht, das mich führt. Geistliche Botschaft. Hrsg. von Conrad de Meester OCD, Herder, Freiburg 1986.

Elisabeth von Dijon, Ich gehe zum Licht. Leben und Erfahrungen im Selbstzeugnis. Hrsg. von Conrad de Mester OCD, Herder, Freiburg 1984.

G. Benker Olarm, Die Gemeinschaften des Karmel, Grünewald (Topos Tb) 1994.